JN436529

창조문학대표시인선 · 225

꽃 지고 낙엽 지니

김가용 시집

창조문학사

□ 머리말

혼자 고요히 번뇌를 멀리 떠나보내려 하면 할수록 그리움은 내가 걸어온 한평생인 듯 나를 따른다.

거룩한 삶을 살 수 없었지만 아프지는 말았어야 하는데 그저 사랑앓이에 눈물이 난다.

생명의 증명을 사랑의 시련으로 토해본다.

필사의 몸부림의 3집을 내게 되었다.

눈물과 고뇌로도 사랑은 완성할 수 없는 것일까! 여전히 나는 목이 마르다.

여전히 두려운 존재로 울어대는 내 시를 거듭나도록 평해주신 홍문표 교수님께 감사드린다.

어린 아이처럼 신음하는 내게 어머니의 젖줄과 같은 시를 쓰게 된 것도 감사하고, 보일 듯 잡힐 듯 술래잡기를 하는 어린 아이의 순수함으로 살고 싶다.

어두울수록 빛을 토해내는 한 자루의 촛불이고 싶다.
따스한 햇볕과 고운 바람을 가져오는 봄을 기다리고, 또 다시 전설처럼 내리는 눈을 기다리며 세상 다하는 그날까지 시와 함께 하고 싶다.

꽃 지고 낙엽 지니
김가용 시집

| 차 례 |

제 1부 / 꽃 지고 낙엽 지니

제 2부 / 갈대의 마음

제 3부 / 꽃그늘 아래엔

제 4부 / 봄이 오는 풍경

제 5부 /내 고향 남도

제 1부

꽃 지고 낙엽 지니

꽃 지고 낙엽 지니

오라 사정해도 멀어지는
소중한 추억들…

폭포 같은 욕망
잦아들고
가물거린
옛 정취에 취해본다.

잊고 싶은
과거 영상들
버들잎처럼 하늘거린다.

꽃 지고
낙엽 지니
인생무상
세월무상
갈 곳이 없다.

나는 누구인가

익지 못한
풋풋한 과일
결실 잊은
오랜 기다림

새털구름 걸린
낮달 한 조각처럼

미완성 인 채

오늘도
내일도
도돌이표처럼
회귀하고

다람쥐
쳇바퀴 돌듯

길들여진
나는
누구인가

너는 누구인가

고독한 얼굴
일그러진
주름진 모습

정글 같은 어두움
두려워
고개를 드니

희미한 창에
마주한 얼굴
낯익은 듯 낯설다

세월에
고뚜레 되어
끌려온 몸뚱아리

동틀 녘 까지
어눌한 바보 같은
늘 같은 모습

인생(1)

잡초 같은
삶일지라도

생명력 하나로 지켜온
오랜 세월

실바람에도
깜빡이는
호롱불 같은
가냘픈 육신 안고

갈 길 먼
이방인

새색시처럼
조용하게

때론 폭군처럼

끝 간 데 없는
먼 길을 간다

인생(2)

나 홀로
바람처럼
왔다가

세파의
파도
넘나들고

사랑과
미움의
한세월을

희,노,애,락 하며
꿈같이
지내다가

때 되면
나 홀로
바람처럼 간다

인간(人間)

천둥번개 몰아쳐도
새벽은 오고
태양은 떠오른다

꿈은 깨이고
꽃은 지고
세월은 간다

힘들다 투정
소용없는 줄 알면서도
편안함만 탐하는
어리석음이여

고진감래 뿌듯하고
값진줄 알면서도

하나 같이
쉬운 길만
가려고 하는가

세월은 흐른다

환희
은혜
망각

고통
슬픔
모두 싣고

의지 가지 없는 생각
무념히 흐른다

깨인 꿈도 꿈이요
꾸는 꿈도 꿈속의 꿈

모두가
일장춘몽
영원함 어디 있을까

제 아무리
꽃이 곱고

통사정
유혹해도

세월은
결코
한곳에
머물지 않는다

너는 바보

젊었을 때
몸을 돌보지 못했고
그저
돈을 탐했다

밤낮없이
일에 매달려
몸을 혹사했다

어느 정도
안정 찾았지만

그러나
소통부재의
가족관계
원만치 못했고

잃어버린
건강 때문에
모은 재물

되돌려주고 말았다

고로
너는
바보였다

내 몸은

물결은
손가락 사이로 흘러가고

생각은
머리를 스쳐 지나가고

세월은
내 몸을 밟고 지나간다

촌각의 틈 주지 않고

모두가
내 몸 위로 지나가니

내 몸은
세월 오가는 선로인가

야속한 세상

열심히
올바르게 살면
되는 줄 알았는데

속이고
이용하는
교활한 마음들

세상 많은 이의 가정
불화의 근원이고
비극의 발상지였나 보다

가정에서 상처입고
가족이 가장 아픈 현실
가정에서 멍든 마음
달래며 산다

상처 준 사람들
태연히
가면 속에

여전히 잘 살고

착하고
속아 사는 사람 병신 되는
야속한 세상

고독(1)

꽃구경
사람구경
부산한 한 낮

외롭게
훌쩍 커버린
고독의 나무

언제
씨앗 뿌렸나
알 수 없는데

어느새
고목되어
하늘 가린다

고독(2)

꿈 잃은 넋
새소리
목탁소리
풍경소리

어이해 길 잃고
깊은 산속 헤매나

흐르는 시냇물도
슬피 운다

나뭇가지 걸린
초승달

처절한 고독에 길들여진
나를 마중 나오고

이름 모를
풀벌레 소리에
나그네 길손
어쩐지 섧다

고독(3)

외로움
슬픔으로
얼룩진
나의 일상

어두한
밤이 두렵다

언제 부터인가
빛 그리운
여린 순 되어

버릇처럼
하늘을 본다

사람이
두려워
오롯한
꿈만 꾼다

허무

막연한 책임감
귀밑머리 나풀대며

또각또각 잰 발걸음
잃어버린 세월

앞 만보면 한없이 길고
뒤돌아보면
너무나 짧은 인생

두 손
머리 한 가득
세상의 짐
내려놓고 싶다

홀씨는
언제나
외롭다
꿈속에서도 외롭다

두려움

마음 한켠
남아있을
미련
떨쳐내고 싶은
두려움

오랜
풍랑에 지친 어부

뭍의
그리움마저
도둑질 하고픈
욕망

한없이
작아지기만 하는
육신

캄캄한 밤이
너무 싫다

무정한 세월

돈 벌어서
효도하겠다고
미루어온 세월

부모님
기다려 주지 않고
후회만 남기더니

평생
고생만 하시고
호강한번 못시켜 드리고

이제
형편 풀려
호강시켜 드리려니
당신은 기다려 주지 않는군요

시간이 없다고
현실 부정했던
내가
원망스럽네요

편치 않은 여행

산도 가고
들도 간다

나는
날개 없는데도
앞으로
앞으로 간다

나를
하루만이라도
놓아주고 싶었는데

갈 까마귀 떼처럼
사념
따라오고

폭포 같은
소용돌이
휘젓는 갈기들

내려놓은 곳
어데멘지
정처 없는 마음

유랑하는 마음

진실 담긴
마음이라
두 손 벌려
받아보지만

어느 사이
깨어져
물보라로 날고

역시나
참 마음이
아니었나 보다

무소유라
믿었건만
주인 따로 있었나 보다

오늘도
허황된 꿈
떨어져 버린

물방울 담고저

찾아 떠난
마음
돌아올 줄 모른다

어느 삶

기쁨
슬픔
어우르는
아픔 속 삶

현실은
언제나
이억 만리 떨어진
낯선 손님

우주 속
먼지 같은
공기 같은 너

자기 몸 내어준
자연의 심성 잊고

욕심
욕구의
도구로 사는가

체념

참
편리한 생각

올라보지도 않고
미리
나는 오를 수 없어

남은
많은 돈을 버는데
내 팔자에 무슨
하고
미리포기

예쁜 여자를 보고
저 정도는 애인 있겠지
지레 짐작
용기조차 못내고

자가당착
핑계쟁이

게으름뱅이

너-
체념이구나

진리 앞에선 나

어둡고 살벌한
삶의 공간

나를 내세우면
곳곳이 싸움

나를 버리면
세상을 얻는다고

무심한 공간
소리 없는 손길

선뜻 다가서지 못하고
머언 발치에 서서

용서 받고 싶다
용기 없는 나를

제 2부
갈대의 마음

갈대의 마음

꽃
예쁜 꽃
미운 꽃

눈으로 보지 말고
마음으로 보자

못나고 서러워도
버릴 꿈 무어더냐

눈물 꼭꼭 숨겨
아픈 만큼 성숙하고

기쁨만 바라며
열매만을 탐하고

향기는 제쳐두고
꿈 하나 키운 채

아름다움만
탐하는
갈대의 마음

금지옥엽

불면
날을 세라

안으면
꺼질 세라

부피도
알 수 없고

깊이도
알 수 없는

끝없는
사랑

외로움

많은 군중 속엔
외로움 이고

혼자일 땐
고독이다.

낯선 생각
외톨이는 언제나 슬프다.

스멀스멀 감겨오는
추억의 그리움

꿈속에서 나마
누군가와 함께이고 싶다.

그리움

까맣게
잊었던
잠들었던 생각

진한
외로움
꿈틀대는 새벽녘

꺼내기
두려워
꼭꼭 숨겨두었는데

깨우는 이
없어도
가만히
실눈 뜬다

메아리

깜깜한 동굴 속
너
와
나
마주 한다

끝없는 되뇌임

결국
마음에도 없는 말
사랑한다고……

그제서야
자기도
사랑한다나

앵무새 뒤로하고
바깥세상 나오니

햇빛 쏟아지는
밝은 세상이 있었다

신뢰

"너"
와
"나"
의
신뢰는

사기그릇

한번 깨지면
회복이 어렵다

꺾인 꽃이 되고
쏟아진
물이기도 하다

향기

고독에
길들여진
나를 찾으러
나들이 한다

시선
내리깔고
한사코
외면하는 궁상

살포시
찾아든 추억

아련한
연인 향기

내게 없는 남에게 있는 것

내가
할 수 없는
모든 것

끝 간 데 없는
부러움

그저
평범한
일상

그마저

소중한
그리움
한 폭

용서받지 못한 자

타고난 재 되어
흩날리는 마음자락

꺼질듯 되뇌이는
다짐의 열매

망울져 터진
분노의 용트림

바늘 같은 촉수
비수되어 감긴다

오롯이 마음 열어
건너보는 징검다리

은혜 저버린
가면의 탈

하늘이여
하늘이여
용서하지 마소서

정(情)

세상 가장 소중한
정
세상 보석보다 귀한
정
세상 그 무엇과 바꿀 수 없는
정

그러나
모두가 잊고 산다
“나” 아닌 “남”
배타적이다

자꾸만 메말라간다

퍼내어도 퍼내어도
마를 줄 모르는 깊은 우물인데

어찌
사막처럼 삭막해 질까?

정의 단비는 언제쯤 내릴까?

우리 정 번 정을 부어
기쁜 세상 보고지고

장미의 배반

웃음 뒤엔
더러움과 위선
독을 품은
탐욕이 자리하고
모든 거짓
진실로 위장했다

장미꽃
아름다움 뒤엔
가시 외에
날카로운
발톱이 있었다

속을 수밖에 없는
눈속임
20년 세월 무색했다

양심을 도적질한
사람
평생 하늘 무서워
어이 살까나

아픔

언제부터
내 마음엔
지워지지 않는
문신이 자리하고 있다

배신과 불신
피하고 싶은 마주침
다시는
또다시 겪고 싶지 않은
피 맺힌 절규가
꿈속에 서도
자리하고 있기 때문이다

잠도 앗아간
처절한 순간들이
마음 깊숙이 각인되어

슬픈 피리소리 되어
내 마음에 흐른다

평생 속아서 산다

몇 번을
속았는지 모른다

그러나
참 인연이란

넓은 바다에
내 몸 의지 할 나무가

꼭하나
떠내려 올 거라는
요행을 바란다

삶의 흔적
아픈 세월

동틀녘 여운처럼
다가오고

그리움과 함께

설레이는 마음으로
가슴앓이를 한다

너와나
가증스런
애증만 남고

돌담 드리운
고향 풍경 새기듯

그리움
아픔
잊으려 하면서도

꼭하나
진실 된 바램
찾아오기 바라며

오늘도
속아서 산다

투명인간

내
앞에 있는 너

너의
참 마음

보이지 않고
알 수 없으니

네가 바로
투명인간 이구나

오랜 엽서

올망
졸망
누런 그리움
정성담긴 사연이

시대를 거슬러
달려온다

가슴을 헤집는
애수
울컥 스민다

잊고 살았던 마음
채찍이라도 하는 양

마지막 사랑

즐겁고
기쁘기만 한게
사랑이던가

괴로움
슬픔 눈물도
사랑이리라

힘든 세상
머리맡 지켜줄
단 한 사람이면 된다

호롱불 같은
간절한
소망하나

배웅 받으며
미소 속에 가는
가녀린 사랑아

박꽃 닮은 그녀

검정치마
하얀 저고리
물동이 이고 가는
피부 하얀 처녀
소담한 박꽃이었다

석양의 굴뚝
매캐한 저녁연기
머리 풀어 피어오르고
춤추는 잠자리
석양노을 수놓고

소중한 그리움
속앓이 했던 순수
진주 닮은 그리움
새록새록 다가와
설레임으로 잠 못 들었던
수많은 날들이여!

마음

세상살이
어둡고 쓸쓸한 길을 갈 때
추억은 등불 같다.

시리도록 아픈 그리움
외로움만 남기며
기억들은 사라진다.

슬픈 삶 품은 어머님 가슴처럼
한서린 시름
수만리 먼길 나들이 간다.

세월 오가는 시간의 길목에 선
쓸쓸한 마음하나
오늘밤도 방황한다.

삶

미운 정
고운 정
켜켜이 쌓여

그렇게 질긴
인연의 끈
만들었나보다

화내고
미워하고
용서하며

이러구러
살아왔나보다

참
고달픈
삶 일지라도

그래도 이렇게
사는 게 아니겠나

제 3부
꽃그늘 아래엔

꽃그늘 아래엔

너무 고와서
너무나 예뻐서

보기조차
조심스러웠는데

지는 모습
차마
볼 수 없는
아픔이 있다

곱기에
아프고
슬픔이 있고
눈물이 있다

꽃비

보슬비 내리는
야반
만개한 꽃구름

시름 놓고
거니는
황혼녘 인생

꽃인지
비인지
눈물인지
알 수 없는
교차하는 만감 속

수북이
내려앉은
우산위의
꽃비

벚꽃의 통곡

하얀 꽃눈 눈물지는
아픔을 안다

파란 싹에 자리내어주고
몸부림친 서러움을 안다

아름다움을
오래 간직하고픈 게
어이 꽃뿐이던가

단 며칠의
짧은 생애 위한
인고의 세월

통곡 할만하다
몸부림 칠만하다

그러나
순리를 따를 줄도 안다

난

사치를 모른
수수해서 더 값진
고고한 자태

품위 지닌
선비의 꿈

어울릴 것 같지 않으면서도
어울리는.....

눈높이를 낮춰야 보이는
"마법"

사랑구걸 하길
하- 세- 월-!

하얀꽃
보라꽃
난 향

그 향기
천리를 간다

백합

뽀오얀
속 살
보여주기
차마
어려운
수줍은
새아씨

봉오리로
입 다물고
꿈 하나 키운다

깊은
꿀 샘
은은한 향기

점점이 박힌
고혹적인
살인미소

하얀 유방
검은 유두
하늘거린 교태여

누굴 유혹 하려고
매혹적인
향기 풍기며
고개 숙여 미소 짓나

진달래 군락

연분홍 꽃잎
점점이 박힌 방울

혼례청 새색시
수줍은 볼연지

두견새 선잠 깨어
놀란 가슴 달랜다

시집못간 노처녀
빛바랜 연정

양지바른 산허리
무르익은 꽃 병풍

아카시아 꽃

온 세상
다 덮을
짙은 향기
날려 보내고픈
욕심쟁이

가지가지마다
하얀 목화송이
한 아름 안고
신록을 맞는다

소쩍새 닮은
눈망울
꿀벌 찾고

정화하는 독성
진한 향으로 감춘다

친근한 정
주지 않는
근엄한 나무 꽃

라일락

옥수수튀김
연초록 잎 사이
송이 지어
한주머니 열렸다

수줍은
입술사이로
진한 향 흘린다

5월의 새신부
조심스런 숨결
담장너머
나들이 한다

함박꽃

방끗
백일 된 아이
천진스런 웃음

하늘 향해
공허하게
웃는다

누굴 부름 일까
달빛
별빛 좋아서

그리움
흘린 미소

박태기 꽃

조그만 몸에
분홍 수 만송이
꽃가지 가득 메우고

더위가신
서늘 녘
약용열매 맺는 너

이름도
꽃모양도 생소한데
너는
작은 꽃의 결정체
꽃무더기의 무덤

비에 젖어
함초롬한 모습
처연한데

꽃가지
휘늘어진 무게에
등이 휘었구나

산수국

천상의
웃음이던가
하얀 숨결
송이송이 열렸다

꼭꼭 닫았던 문
어렵사리
살포시 열고
가지에 내려앉았나 보다

어두운 밤
도드라진
순결
달님 마중하나

맹꽁이 울어대는
깊은 밤
귀 기울여
웃고 있다

참깨 꽃

달콤한 젖샘
볼이라도 부비고픈
연한속살

모락모락
사랑의
꿈이 자란다

조그만 요정
우주를 담을
생명이 있다

망울진
젖가슴 속에는

고소함과
그리움의
씨앗이 자란다

원추리

꽃잎도 여섯
꽃술도 여섯

검정
애교 점
뽐내며

속살 내어 주고
거꾸로
휘감겨

가느란
줄기하나

실바람에도
벅차
기댈 곳 찾는다

청포도

왠지
싱그러움 주는……
상큼함
연상시키는……

수줍은
열여섯 아가씨
젖가슴처럼
풋풋한 그리움이 있다

보리가 익어갈 즈음
흐드러지게 망울져
보는 이의 입안에
침이 고인다

서슬 퍼런
수숫대 손짓아래

잘 익고도
덜 익었다는

눈속임

소나기 지난
한 낮
파란 꿈이 영근다

소나무

바위틈
사철 내 푸르른
외로운
소나무 한그루

짙은 솔 향 풍기며
바람 부르는
뭉툭한 손길

다람쥐에게 가지 내어주고
더덕넝쿨 수줍게 밑 둥 내어 준다

하얀 꽃가루 날아드니
어느새
솔매미 노래속에
한낮더위 씻어내고

솔방울 꽃잎 사이
올챙이 닮은 씨앗 흘린다

누런 잎 떨구고도
서로 두 손 놓을 줄 모른
돈독한 사랑나무

억새풀(으악새)

조금 스쳐도
손에 상처 주더니만

그 서슬 어데 두고
누런 상처 드러낸다

소소리 바람에도
소리 높여 우짖고

하소연 날려 보내
기러기 불러 운다

주목나무

환경에 순응하여
모양 바꿔 사는 나무

휘이고
곧추서고
바람마저 어루만져
하늘을 이고선
끝 간 데 없는 푸르름이여

세월의 무게
아픈 상처 둘리 운 옷
가지가지 내려놓으니

하얀 알몸 드러내고
상아 닮은 석고상

살아 천년
죽어 천년
이천년의 나무

담쟁이

너는
슬프다
더딘 세월 붙잡고

사랑하고
원망하고
그리움 키운다

한사코
발돋움 해
기웃거린
이웃

무성한
소문과 함께
슬픈 꿈
묻는다

백로

머언
하늘 향해

곧게 선
작은 신선

여명을 여는
고고한 넋

꼭꼭 접은
하늘 한자락
열고저
포효하는 노도

갈아입을
옷조차 없는
단 벌 신사

솜털 같은
소담함 꿈꾸는

유랑하는
외로운
나그네

회오라기

밤을 잊고
조는 듯
박재인 듯
꼼짝 않던
너

깜짝 놀란 듯
고기 쪼아 먹고
긴 목
한번 흔든다

어두움에
익숙하고
고요함에
길들여진
너

홀로 사는
독거노인 닮아
 오늘도

밤을 벗 삼아

시름없이
넓은 들
헤매는가

황새

삶의 무게
버거워
반쯤 내려놓은
날개 펄럭이며

고고한 달빛아래
요리조리 헤맨다

먹이 찾고
삶을 찾고
꿈을 접어
부산 떨며

한밤중 마다않고
껑충껑충

아픔품은
부산한
삶이여

제 4부

봄이 오는 풍경

봄이 오는 풍경

메마른 대지
보슬비
소리죽여 흐느낀다

잠자는 새싹
실눈 뜨고 곁눈질 한다

솜털 보송한
버들가지
매달린 수정

방울방울
미끄럼 탄다

소나무 가지엔
청솔모
개개비
부산한 오후

깊은 잠속

바위마저
소롯이
일어난다

봄 비

새우잠 속
외로운
침대 머리 맡

창문
가만 가만
똑똑 똑똑
노크하는 소리

자꾸만
이야기 하잔다

잠 앗아가고
어두움 걷어내면서
보채는
철없는 아이처럼

억울할 것도 없는데
베개 섶 적시는
알 수 없는 이유 때문에…

그렇게
쪽잠마저 몰아내고
봄밤은 밝아오고

밀려오는 근심
또한
걷어내고 있었다

봄밤에

가슴에 쌓인
그리움 한 자락
긴 세월 기다려온
알 수 없는 설레임

춤추는 파도 너머
잊힐 듯
떠오르는 추억들

머언
망각의 강 건너
서편하늘 걸린 조각달처럼

명치끝에 걸린 회한
세월의 그루터기에 앉은
서글픈 인연

홀로 우는 외기러기의 궁상마냥
처연함 속에
봄밤을 지샌다

절름발이 봄

춘 사월
산간 어인 폭설인가

꼭꼭 감추고
시샘하고
밀어내도
봄은 오고
움츠렸던
꽃은 핀다

힘들게
절룩거리며
오는 봄

그렇게
힘든 봄맞이 한다

불광천 봄 꽃 축제

꽃향기 솔솔
만개한 꽃송이
꿀벌은
부지런히 입맞춤 한다

걸음서툰 유아들
길게 줄지어
알록달록 봄 꽃 놀이 한다

그 또한 꽃이다

물위 무대엔
구성진 노래
물결 따라 흘러가고

꽃그늘 가득매운
상춘객 물결

도시의 바쁜 마음
잠깐 접어두고
축제에 동참하여
꽃향기 한번 취해보오

꽃피는 그 언덕

4月
그날은
항상 바람이 분다

그리고
분노의 꽃이 핀다

먼저 감을
원망마라

삶은
죽음을 피해가는
곡예

삶은
곧
죽음과의 동거 아니던가

누워있는 언덕
4월이면
눈물의 꽃이 핀다

새벽별

희미한
안개 젖은
새벽별을 본다

새벽별은
아픔을 안다

아픔을
알기에
별은 슬프다

너의 모습
여명에 묻히고

밤을 예약하고
나는
돌아 눕는다

여명

어두움의
산고 끝
희뿌연 새벽녘

주인 없는
산들바람
갈 곳 잃고

하루의
문을 열고
영원을 본다

별을 보다
지치면
쓰러져 잠들고

깨우는 이
없어도
맞이하는 여명

장마

밖에도
내 마음에도
그치지 않는
비가 종일토록
주룩주룩 내린다

넘처나는
물 세상

내 마음
한 조각
조각배 되어
정처없이 떠돈다

계곡
소용돌이 속에
곤두박질하는
심신

사람다운
사람이 그립다

찜통더위

하늘도
땅도
더운 입김 토한다

거추장스런
허물 벗고
아담을 닮는다

한증탕 같은
대지
한없는 나른함
갈증 부르고

시든 꽃
풀잎사이로
꿈마저 녹는다

천둥번개

우르릉 쿵쾅

아집으로 뭉친
나약한 나를
꾸짖는 소리

우르릉 쾅쾅
망향탑 시계
부서지는 소리

주르륵
주륵
내 마음의
조롱박
떠내려가는 소리

한 세월

세월은
침묵으로만
흐르지 않았다

화도내고
웃으면서
요란하게 지나왔다

아픔도 주고
슬픔도 주고
사랑도 주면서

잊으면서
기억하고
사랑도 주면서

잊으면서
기억하고
세월의 등에 업혀

얽히고 설킨
실타래처럼
뒤엉켜 뒹굴며

버릴 것 같으면서도
버린 것 없고
가졌을 법 한데 가진 게 없이

이러구러
한 세월
뜬 구름처럼 흘러갔다

풍요의 가을

파란 하늘
구름 각시
머리 풀어 헤치고

한가로이
황금 들녘
나들이 한다

농부의
시름 달랠
서늘한 바람

벼이삭 물결
노래하며
춤춘다

참새도
달님도
살찌는 계절

바람

너는
형체 없는
바람

모양 없지만
새를 날게 하고
비를 내리게 했다

나비 날고
향기 풍겨
꽃은 눈물지고

남을 위한
한 평생
떠돌이 삶 이었다

씨앗

미움은 미움을
원망은 원망을

희망은 희망을
사랑은 사랑을

그리움은 그리움을
만드는
상대성 원리

자연이 곧 우주요
평범함의 진리

너는 나의 거울
나는 누군가의 거울이리라

고통은 희망의 씨앗
불행은 행복의 씨앗

그러고 보니

세상 모두가
조그만 씨앗으로 시작이다

모두가
함께 키우고
잊어야 할
씨앗이 아니던가

지팡이

한쪽 다리가 되고
온몸 받쳐주는
지주가 된다

높은 산 오를 때
비탈길 걸을 때
길 벗 이기도 하다

주위
힘없고
아픈 다리
아픈 마음
도움 손길
필요할 때

기꺼이
한쪽 어깨
온몸 내어주어
부축하는 세상

제 5부
내 고향 남도

내 고향 남도

비릿한 바다 내음
갈매기 노래 정다운 곳

오곡풍성
고기풍어
인심 또한
풍요로운
실낙원 내 고향

구수한 사투리
숭늉처럼 정겹다

복사꽃 향기 머금은
어머니 치마처럼
애틋한
그리움 피어나는 곳

몽매에도
그리운
남도 내 고향

망향

타향살이
서러울 때
어머님 품 같은
그리움이 있는 곳

솜털 뽀송한
첫사랑
잠자리 날개 같은
옛 추억이 있는 곳

올망졸망 생각주머니
은하수에 걸어놓은
어릴적 꿈이 영글고
소담한 동심이 있는 곳

언제나 가고 싶고
이유 없이 보고 싶고
부서진 어린 시절
삶의 추억이나마

꿈길에도 그리운
고향이여!

어버이날에

세찬 눈보라
포근히 감싸주고

자식의 행복위해
자기 불행 마다않고

생명도 마다않는
끝 간 데 없는 사랑

세상
가장 따듯한 품
당신은
행여 잊지나 않으셨나요

사랑한다는 그 말
행여 잊고 살지는 않았는지요

오늘 하루만이라도
부모님 위한
특별한날 되었으면 합니다

당신을 아끼고
당신을 위해 항상 기도하는

이 세상
단 한 사람이니까요

어머님 사계

불러서 좋고
들어서 좋은
우리 어머니

봄이면
식량 늘리려
나물 뜯으시고

여름이면
삼배 모시 길쌈
새벽녘 겉보리 방아 찧고
장마 땐
베짜기 여념 없고

가을이면
곡식타작
김장담기
머리 수건 벗을 날 없고

겨울이면

무명길쌈 물레질에
긴 밤 주려 나누시고

눈 오는 밤
삶은 고구마
선반에서 꺼내시며
동치미로 허기 달래시고

새우잠 한잠 주무신다
동틀녘
아래 샘물 길어
고단한 하루를 또 맞으신다

당산제

수령 알 수 없고
깊이도 모른

간절히 소망하는
뿌리 깊은 믿음

몸으로 세월사고
거목으로 하늘 가린다

황토 흙 금줄 쳐
성지라 표시하고

풍성한 제수음식
정성으로 마련하여

정화수에 달을 담고
마음가득 축원 한다

휘영청 밝은
대보름 달 빛 아래

청홍띠 고깔모자
횃불도 춤춘다

풍물놀고 당산신 모셔
장관이룬 야경

경건히 무릎 꿇고
지성으로 치성드린

마을평온 자식 건강
태산 같은 믿음 나무

향우회

아득한 고향
추억의 파노라마 속
옛 정 나눈다

거기엔
보고픈 얼굴이 있고
추억의 멋이 있고
그리움이 있다

고향은
마음속에 있고
항상 그 자리에 있었다

먼 하늘 너머
잠자는 마음 한쪽
들추어내고

시간 멈춘 채
머무는 아픔들

이야기 속
고향 그리는 꿈
익어가는 하루

거금대교

금산 녹동 잇는
하늘다리
구름다리

다리 밑
쪽빛물결
소용돌이 드세다

파도 노래하고
갈매기 춤추는
고즈넉한 풍경화

굽이굽이 둘레길
곳곳이 장관
푸르른 바다 멀리
풍요의 전설 전해온다

해묵은 뱃길
자취 감추고
문명 탐하는

시대적 산물

금산을 잇고
인정을 잇고
세상을 잇는
거금대교

혈연

보이지 않는
사슬
천 리
만 리
먼 곳 까지

형체
알 수 없지만

세상 무엇으로도
자를 수 없고
풀 수 없는 견고한 매듭

애써
외면하려 하지 말고

하늘이
맺어준 인연
고마워하자

행려병자여!

나를 감싸는게
아무것도 없다
세월을
머리에 이고 가는
수행자였다

흐르는 마음
어이 막으며

불어오는 바람
막을 길 없다

꿈은
꾸는 자 만의 것

넋 잃고 바라보는 하늘 아래
외롭게 살아가는

언제 쓰러질지 모를
행려병자 신세

도둑님아

일 년 내 애써 농사지은 고추
몽땅 잃은 농부

경고 표지판

도둑놈아
그 많은 고추 다 먹고
안 맵냐?

나는
고추를 먹지 않았는데

매워 눈물 나고
속 쓰리고 아파
잠도 못 잔다
 야- 이놈아!

고달픔 가중되어
걱정 시름 한 수레
대문에 매달고
고단한 밤을 맞는다

병원

긴장
불안
초조
무거움 내려앉고

순서 기다리는
침묵의 군상

꼭두각시 되어
진료 끝나도
반복되는 시간

아장거리며 뛰는
천진함 마저
조심스런 공간

가고 싶지 않은
3대 장소

병원

경찰서
법원
세 곳 중 하나

건강검진

내내 마음 조였는데
경과
이상 없습니다

아-
이 말이
어이그리 반가운지

휴우이-
안심의 심호흡
기쁨 단비처럼
젖어오는데

고삐 풀린 긴장

내 몸은
모르는 사이
사다리 끝 중천에
올라 있었나 보다

동작동 국립묘지

해마다
6월이면
진한 눈물이 있다

넓은
이억 만 리
낯선 계곡
산하에 두고

한 줌
재 되어
이곳에 누었는가

귀신도 떨게 한
해병의 용사들

격전의 전장
그날의 포성
아련히 들으면서

대한의 건아들
그대들의 용맹
세계만방에 떨치고

양지바른 국립묘지
구국 수호신으로 남아
부릅뜬 눈망울들
그대들의 조국
대한민국 지킨다

배앓이

밤낮없이
때도 없이
찾아오는 놈

더위에
만물
녹아나는 오후

과일도 먹지마라
가루음식 피해라

찬 것
시원한 것 피하고
뜨거운 것만 먹으라니……

먹지 말라면
더더욱 먹고픈
갈증 난 심중

아무튼 화장실은

가까워야 좋은 놈

정말
나쁜 녀석이다

모기장

더위와 함께
찾아온 불청객

각종약도 면역되어
밤의 악마로
자리한지도 오래

잠을 앗아간
짜증

이들로부터 지켜줄
안식처

숙면으로 이끌
내 친구
모기장

적과의 동침

모기장 틈사이로
찾아든 불청객
이곳저곳
뿅뿅뿅
붉은 점 찍었네

녀석은
몸이 무거워
손 벽 아래 전사

사각의 링에서
승자도
패자도 없는

한 여름 밤
해프닝

백마고지

초승달 기우는
스산한 동산
낙엽이 울고 간 후
야속한 회오리에
섧게 우는 가슴아

길이 남아야 할 빛남이
모닥불에 사위여
그리움으로 남고
하늘 한켠 자리한다

포연 자욱한 길
여명 찾아오는데
벌판 휘젓고 간
매캐한 화약 내음

아직도 아려오는
가슴 한 쪽 속울음
못 다한 898위 꿈
싸늘한 비석아래 꿈을 묻고
오색 무지개로 후대에 남는다

동심

더위가신 초저녁
춤추는 반딧불이

호박꽃 등불 만들어
꿈을 묻는다

풀내음 묻어나는
매캐한 모기향

하지감자 옥수수 굽고
호롱불 춤을 추고
별은 눈물진다

이름 모를 풀벌레
울어대는 뒤뜰 텃밭

무명길쌈 삼으시던
어머니 무릎베개

극성스런 모기

철석 손장구

쿵덕쿵덕 절구방아
하늘 향해 춤출 때

내 동심 꿈을 먹고
멍석에서 잠든다

낚시

햇볕 쏟아지는
고요 속
찌와 눈싸움 하며
고기를 낚는다

시간과 씨름하고
시원한 바람 속에
자연을 낚고
세월을 낚는다

고기는 낚지 못하고
정을 긷고
사랑 한망태기 담아

자만
욕심 내려놓고

가벼워진 마음으로
하늘 한켠
두둥실 떠있는

구름 한옥큼
낚는다

□ 해설

아름다운 황혼의 노래

- 김가용 시인의 시집 『꽃 지고 낙엽 지니』에 부쳐 -

홍 문 표

(시인 · 평론가 · 전 오산대 총장)

김가용 시인이 세 번째 시집 『꽃 지고 낙엽 지니』를 상재하게 되었다. 좀 늦게 시작한 시업이지만 최근 연거푸 시집을 내 놓는 것을 보면 그 동안 잠재되었던 시적 열기가 분출하는 느낌이다. 그렇다면 김가용 시인은 타고난 시인이었다. 그동안 다른 일과에 얽매어 시의 재능을 유보하고 있었을 뿐 그의 시적 욕구나 시적 재능은 일찍부터 갖고 있었던 것으로 보아야 한다. 사실 최근에는 노년에 시를 쓰는 분들이 많다. 과거엔 시인이라면 열정이 넘치는 젊은 새대들의 것으로 생각했는데 요즘엔 오히려 중년을 넘긴 노년의 세대들이 더 열광하고 있다. 무슨 이유일까. 과거엔 문인이란 직업이 인기도 있었거니와 생계에도 도움이 되었다. 따라서 젊은 세대들이 도전할만한 충분한 매력을 갖고 있었다. 그러나 최근엔 기술과 자본이 생활의 중심을 이루면서 정신문화를 추구하는 인문학은 물론 문학도 시도, 우선 순위에서 밀려나는 세태가 되었다.

그래서 요즘 인문학이 위기니 문학의 죽음이니 하는 말들을 하기도 한다. 그러나 인문학이 사라지고 문학이 죽은 세상이라면 그건 인간 세상이 아니라 물질을 신으로 생각하는 물신주의 동물농장이 아니겠는가. 인문학은 사라져서도 안 되고 문학은 죽어서도 안 되는 것이다. 그리고 정말 우리가 오해해서는 안 되는 것은 지금 문학이 죽은 것이 아니라 오히려 건재하다는 사실이다. 요즘 기술주의 사이버 세상, 디지털문명이라고 하니까 문학이 죽은 것으로 아는데 문학이 죽으면 사이버 세상도 죽는다.

지금은 인터넷이니 모바일이니 미디어니 하면서 컴퓨터와 핸드폰과 텔레비전이 온 세상을 지배하는 것으로 안다. 그러나 이들은 문자나 언어를 효과적으로 소통시키는 도구, 즉 수단이지 그것들이 소통의 내용은 아니다. 소통의 내용은 여전히 문자요, 언어다. 여기서 문자요 언어라는 말은 의사소통을 위한 문장을 말한다. 따라서 의사소통이 잘 되려면 첨단 미디어 장비도 있어야 하지만 그 미디어 장비에 담겨진 내용, 즉 콘텐츠가 얼마나 감동적인 문장인가. 다시 말하면 얼마나 문학적으로 내용이 구성되었느냐가 열쇠가 된다.

그렇다면 인터넷 시대는 문학이 죽은 시대가 아니라 오히려 더욱 필요로 하는 시대요, 더욱 살아서 활개 치는 시대라는 것을 알 수 있다. 참으로 아이러니한 것은 일상의 삶에서는 모두가 기술이니 과학이니 현금이니 하면서도 밤이 되면 일제히 텔레비전을 켜고 드라마를 시청하는 것이다. 말하자면 문학작품 속에 빠진다는 말이다. 왜 그럴까, 그것은 인간의 삶은 빵만으로는 살 수 없는 존재이기 때문이다. 물질은 정신의 바탕에서 더욱 빛이 나고 이성은 감성의 부드러움에서 더욱 생기가 나는 것이다.,

그렇다면 문학이나 시는 젊어서나 늙어서나 모두에게 필요한 것인데 왜 요즘엔 젊은이들보다 나이 먹은 세대들이 문학을 선호하는가. 자본주의 사회에서 일정한 경제력이 없으면 생존하기 어렵다. 그러기에 젊은이들은 기술을 통한 경제력 확보에 주력하게 되고 중년 이후의 세대는 이미 경제력을 확보했기 때문에 그 동안 유보했던 감성적인 삶, 바로 문학적인 인생을 외복하여 행복한 노년을 맞는 것이다.

인간은 누구나 행복을 소망한다. 그런데 사람들은 그 행복의 원천이 물질이나 기술이나 지식에만 있다고 생각한다. 만일 행복이 물질이나 기술이나 지식에만 있다면 그는 동물과 다를 바가 없다. 동물들은 배만 부르면 만사가 만족이다. 그런데 인간들의 물질적 욕망은 동물과도 근본적으로 다르다. 동물들은 일정한 양 이상은 먹지 않는다. 그들은 과욕이 없다. 그런데 인간들의 물질적 욕망은 끝이 없다. 먹어도 먹어도, 벌어도 벌어도, 탐욕의 뱃속은 늘 배가 고프다. 그러니 물질로 행복하겠다는 것은 불가능한 것이다.

그것은 지식이나 기술도 그렇다. 그렇다면 행복의 본질은 물질이나 기술에 있는 것이 아니라 마음에 있고, 감정에 있다. 그리고 그 감정을 조절하는 것이 문학이고 시다. 그러기에 시는 마음을 조절하고 감정을 조절하여 삶을 풍요롭고 행복하게 만든다.

김가용 시인은 이번 시집 서문에서 "어린 아이처럼, 신음하는 내게 어머니의 젖줄과 같은 시를 쓰게 된 것도 감사하고, 보일 듯 잡힐 듯 술래잡기를 하는 어린아이의 순수함으로 살고 싶다" 동심으로 돌아가 시를 쓴다는 것이다. 때 묻은 세속을 벗어나 어린아이처럼 순수하게 살고 싶기에 시를 쓴다고 했다. 솔직히 시인이 시를 쓰는 것은 세속적인 행위가 아니다. 세속적인 생각으로는 시를 쓸 수가 없고, 쓴다 해도 거기엔 감동이 없다. 순수성이 없기 때문이다. 시가 감동을 주는 것은 바로 순수한 마음으로 사물을 보고 자신을 보고 그러한 세계를 추구하기 때문이다.

왜 성경에서 예수 그리스도는 너희가 어린이와 같지 않으면 결단코 천국에 갈 수 없다고 말했을까. 천국의 마음은 순수한 마음이고, 순수한 마음은 바로 어린이의 마음이기 때문이다. 그런데 시의 마음도 순수한 마음이다. 그렇다면 시의 마음이 바로 천국의 마음이요 그러기에 시의 세계는 마음의 평화와 행복함으로 이끌어 주는 천국의 문이 되는 것이다.

김가용 시인은 맨 처음 『연가』라는 첫 시집을 냈다. 여인에 대한 사랑과 배신, 그 애증의 노래가 절절하게 표현되었다. 둘째 시집 『이슬 노을, 그리고 무지개』는 제목에서 보였듯이 황혼을 노래한 것들이다. 그런데 세 번째 시집 『꽃 지고 낙엽 지니』도 제목부터가 좀 노년의 애상적인 분위기를 느끼게 한다. 꽃 지고는 계절적으로는 봄이 지났다는 것이고, 인생으로 보면 젊음, 즉 청춘이 지났다는 말이 된다. 그런가 하면 낙엽 지니는 계절적으로는 가을이고 인생으로 보면 노년이 된다.

이를 상징적 의미로 보면 꽃 지고는 생기발랄한 희망이 상실됨을 말하고 낙엽 지니는 생명의 쇠락이라고 할 수 있다. 그렇다면 이는 노년기의 현실을 지는 꽃과 지는 낙엽으로 이미지화해서 표현한 노년기의 자화상이라고 할 수 있는 것이다. 작품 「꽃 지고 낙엽 지고」z를 보아도 그렇다. “폭포같은 욕망/ 잦아 들고” 이제는 지나간 추억들이나 돌아보는 처지라는 것이다. 그러면서 결론은 인생무상, 세월 무상이라고 하였다.

이처럼 이번 시집은 인생무상이나 세월 무상에 대한 인식을 강하게 제기하면서 서두가 시작되고 있다. 그리고 이러한 덧없음의 인식은 작품 「꽃 지고 낙엽 지고」만이 아니라 제 1부에 나열 된 「세월은 흐른다」「인간」「인생) (1) (2」「나는 누구인가」「너는 누구인가」「내 몸은」「야속한 세상」「고독」(1) (2「허무」 등의 작품에서도 일관되게 보여주는 주제다.

오늘도
내일도
도돌이표처럼
회귀하고

다람쥐
쳇바퀴 돌듯

길들여진
나는
누구인가

-「나는 누구인가」에서

희미한 창에
마주한 얼굴
낯익은 듯 낯설다

세월에
코뚜레 되어
끌려온 몸뚱어리

동틀 녘 까지
어눌한 바보 같은
늘 같은 모습
- 「너는 누구인가」에서

사랑과
미움의
한세월을

희,노,애,락 하며
꿈같이
지내다가

때 되면
나 홀로
바람처럼 간다

- 「인생 (2)」에서

모두가
일장춘몽
영원함 어디 있을까

제 아무리
꽃이 곱고
통사정
유혹해도

세월은
결코
한곳에

머물지 않는다

-「세월은 흐른다」에서

꿈 잃은 넋
새소리
목탁소리
풍경소리

어이해 길 잃고
깊은 산속 헤매나

흐르는 시냇물도
슬피 운다

-「고독 (2」에서

인생무상의 주제에서 제일 먼저 제기하고 있는 것은「나는 누구인가」다. 모든 문제는 나로부터 시작한다. 내가 누군지 알아야 너를 알고, 사물을 안다. 그런데 이 시에서 화자는 나란 존재는 도돌이표처럼 회귀하는 존재라 했다. 반복되는 삶을 지적하고 있는 것이다. 나에 대한 최초의 인식은 이처럼 의미 없이 반복되는 일상성에 대한 자각이다. 그렇다면 나와 대립된 너, 즉 자아와 대립되는 타자는 어떤가. 그래서「너는 누구인가」라는 질문을 한다. 그런데 너는 누구인가라는 질문에[서도 "세월에/ 코뚜레 되어/ 끌려온 몸뚱어리"라고 했다. 나만 반복적인 존재가 아니라 너도 세월에 얽매어 반복적으로 살아가는 존재라는 것을 알게 된다. 결국 나나 너나 모두가 세월의 굴레 속에 되풀이 되는 덧없는 존재라는 인식이다. 이런 분석적 인식이 나와 너를 포함한 종합적 인식에서도 같은 입장을 보여주고 있다.「인생(1)」이란 작품을 보면 인생이란 사랑과 미움, 또는 희 노 애 락이 반복되다가 때 되면 바람처럼 홀로 가는 것이 인생이라는 말을 하고 있다. 인생이란 너 나 할 것 없이 모두가 세월이라는 시간의 쳇바퀴 속을 벗어나지 못하고, 결국은 시간의 지배를 받다가 바람처럼 가는 것이 인생이라 하였다. 그러니 인생이란 일장춘몽이라고 하였다. 이러한 일장춘몽의 인식은 고독과 허무의 감정을 동반하게 된다. 작품 「고독」에서 꿈을 잃은, 새소리, 물소리, 목탁소리, 풍경소리, 모두가 길을 잃고 산속을 헤맨다고 했다.

이처럼 시인은 먼저 내가 어떤 존재인가. 인생이란 어떤 존재인가 라는 근원적인 질문에서부터 시를 쓰고 문학을 해야 한다는 입장에서 우선 생의 문제를 깊이 천착하고 있는데 결론은 인생은 무상하고 허무하고 고독한 존재라는 것이다. 사실 이러한 입장은 매우 솔직한 것이다. 인생을 영원한 존재라고 한다면 이는 억지주장일 뿐이다. 따라서 인생의 무상함을 솔직히 인정하고 거기서부터 의미 있는 세계를 찾는 것, 그것이 김가용 시인의 시정신이라고 해야 하겠다.

그렇다면 김 시인이 추구하는 시적 상상력의 세계는 무엇인가. 그 첫 번째 주제가 사랑과 그리움의 감정들이다. 인생은 비록 덧없이 흘러가지만 그래도 소중한 것은 사랑이고 그리움이라는 것이다.

불면
날을 세라

안으면

꺼질 세라

부피도
알 수 없고

깊이도
알 수 없는

끝없는
사랑

-「금지옥엽」 전문

외로움
슬픔으로
얼룩진
나의 일상

어둑한
밤이 두렵다

언제 부터인가
빛 그리운
여린 순 되어

버릇처럼
하늘을 본다

사람이
두려워
오롯한

꿈만 꾼다

-「외로움」

"너"
와
"나"
의
신뢰는

사기그릇

한번 깨지면
회복이 어렵다

꺾인 꽃이 되고
쏟아진
물이기도 하다

-「신뢰)」

미운 정
고운 정
켜켜이 쌓여

그렇게 질긴
인연의 끈
만들었나보다

화내고
미워하고

용서하며

이러구러
살아왔나보다

참
고달픈
삶 일지라도

그래도 이렇게
사는게 아니겠나

-「삶」

비록 외로운 인생이고 허무한 인생이지만 그래도 인생에겐 사랑이 있고, 그리움이 있고, 정이 있어 삶의 풍요가 있고, 의미가 있다.「금지옥엽」을 보면 인간에게는 사랑이라는 금지옥엽이 있다는 것이다. 도대체 사랑은 그 부피도 깊이도 알 수 없는 것이지만 그래도 우리는 사랑이 있어 울고 웃는 존재다. 비록 인간은 덧없고 허무하지만 그래도 서로가 사랑하는 감정이 있어 허무를 극복할 수 있다는 것이다. 인간이 사랑하며 살 수 밖에 없는 이유를「외로움」에서 인간은 외롭기 때문에 누군가와 함께이고 싶은 욕망이 있다고 했다. 그렇다면 사랑이란 감정도 따지고 보면 외로움에 대한 보상심리라고 할 수 있다. 그런데 서로 사랑하는 데는 반드시 신뢰가 필요하다. 신뢰가 없다면 그것은 사기그릇 같은 것이어서 이내 깨진다고 했다. 작품「신뢰」에서는 사랑이 소중한 것이기는 하지만 반드시 신뢰를 지킬 때 그 사랑은 아름답게 꽃 필수 있음을 역설적으로 말해주고 있다.

따라서 산다는 것이 무엇인가. 그는 「삶」이라는 작품을 통하여 삶이란 미운 정 고운 정 켜켜이 쌓여 끈질긴 인연을 만들며 사는 것이라 했다. 외롭고 고독하기에 서로를 그리워하고 그러한 그리움이 사랑으로 익어가지만 사랑은 또 사기그릇 같아서 깨어질 수 있다는 것이다. 그러기에 인생은 사랑하고 때로는 미워하고 그러면서도 또 그리워하는 것이 인생이라는 것이다.

인간은 비록 덧없는 존재이지만 그래도 사랑하고 그리워하는 감성에 삶의 의미가 있고, 소중한 것이라 했다. 그뿐이 아니다. 인간은 그 위에 자연과 더불어 살고 자연의 아름다움을 볼 수 있고, 즐길 수 있는 축복이 있다. 특히 시인은 자연에서 일반인들이 볼 수 없는 상상력의 시력을 가지고 자연에 숨겨진 비밀까지 발견한다. 사실 시인이란 사물을 일반인과 달리 보다 깊게 보다 본질적으로 볼 수 있다는 데서 위대한 것이다. 그런 점에서 김가용 시인의 자연에 대한 상상적 시력을 주목해야 한다. 김 시인은 이번 시집에서 자연, 그 중에서도 꽃이나 식물, 그리고 계절적인 세계를 독특하게 발견하고 있어 우리를 주목하게 한다. 사실 시인이란 자연을 어떻게 보고 어떻게 그 존재의 진실을 들어내는 가에 있다.

연분홍 꽃잎
점점이 박힌 방울

혼례청 새색시
수줍은 볼연지

두견새 선잠 깨어
놀란 가슴 달랜다

시집못간 노처녀
빛바랜 연정

양지바른 산허리
무르익은 꽃 병풍

-「진달래 군락」 전문

달콤한 젖샘
볼이라도 부비고픈
연한속살

모락모락
사랑의
꿈이 자란다

조그만 요정
우주를 담을
생명이 있다

망울진
젖가슴 속에는

고소함과
그리움의
씨앗이 자란다

-「참깨 꽃」 전문

너는

슬프다
더딘 세월 붙잡고

사랑하고
원망하고
그리움 키운다

한사코
발돋움 해
기웃거린
이웃

무성한
소문과 함께
슬픈 꿈
묻는다

-「담쟁이)」 전문

우르릉 쿵쾅

아집으로 뭉친
나약한 나를
꾸짖는 소리

우르릉 쾅쾅
망향탑 시계
부서지는 소리

주르륵
주륵

내 마음의
조롱박
떠내려가는 소리

-「천둥번개」 전문

김가용 시인의 이번 시집에는 꽃들에 관한 작품들이 많다. 그 중에 「진달래 군락」을 보자. 시인은 진달래 분홍 이파리를 첩첩히 박힌 방울이라고 했다. 새색시의 수줍은 볼연지라고도 했다. 그리고는 진달래의 내면세계를 놀란 가슴이라 했고, 노처녀의 빛바랜 열정이라고도 했다. 그리고는 진달래 동산을 꽃 병풍이라고 했다. 시인은 사물을 보고 상식적인 설명이나 묘사를 하는 것이 아니라 그 상식적인 개념을 뛰어 넘어 새롭게 그 사물의 의미를 재창조하는 것이다. 그리고 그러한 창조를 통해 나와 사물간의 관계를 새롭게 정립하여 새로운 세계를 만드는 것이다. 이 시에서 시인은 진달래꽃들을 새색시의 수줍은 볼연지로 재창조함으로써 그 동안 진달래와 인간이 자연과 인간, 사물과 나라는 삼인칭의 무관한 관계 서로가 분열 된 관계에서 나와 새색시의 친화적 관계가 된다. 이는 동양에서 말하는 물심일여(物心一如), 물아일체(物我一體)의 경지이며, 기독교에서 말하는 너와 내가 구별 없는 에덴의 세계다. 시적 상상력을 통한 새로운 세계는 그래서 풍요롭고, 그래서 고독한 삶이 더불어 사는 행복한 삶이 되는 것이다. 「참깨 꽃」에서도 시인은 참깨 꽃이란 자연물을 달콤한 젖샘, 볼이라도 부비고 픈 연한 속삭임이라 했다. 그리고는 그 꽃의 내면을 조그마한 요정인데도 우주를 담을 만한 생명력이 있음을 지적하고 있다. 여기서도 중요한 것은 조그만 참깨 꽃이지만 젖샘이 있고, 젖가슴이 있는 인격적 존재라는 상상이고 그러기에 거기엔 무한한 생명력과 그리움이 있다는 발상이다. 「담쟁이」도 그렇다. 그것은 단지 담에서 자라나는 식물일 뿐인데 너는 사랑하고 원망하고 그리움을 키우는 감성적 존재가 되어 정서적 공동체가 되고 있는 것이다. 「천둥번개」는 자연현상이다 .그런데 시인은 나를 꾸짖는 소리로 인식한다. 그러면서 그 소리는 주르륵 주륵 내 마음의 조롱박 떠나려가는 소리로 이해한다. 그것이 시인의 상상력이다.

이처럼 김가용 시인의 이번 시집 「꽃 지고 낙엽 지니」는 젊음이 가고 노년이 가는 인생의 무상함을 정직하게 고백하고 있을 뿐만 아니라 그러기에 오히려 무상한 삶의 순간을 소중히 생각하고 서로 사랑하고 그리워하는 따뜻한 삶이어야 하며 자연과도 분열이 아니라 인격적 대상으로 재창조하여 하나가 되는 조화로운 세상을 만들어 시적 구원의 아름다운 세상을 만들자는 것이다.

김가용 시집

꽃 지고 낙엽 지니

2014년 4월 1일 인쇄
2014년 4월 1일 발행

지은이 김 가 용
펴낸이 신 용 호
펴낸곳 창조문학사

서울 서대문구 가좌로 86 동천아카데미 5층
등록번호 제1-263호
전화 374-9011, Fax 374-5217
공급처 한국출판협동조합 전화 070-7119-1740

저자와 협의에 의해인지를 생략합니다.
파본은 바꾸어 드립니다.

값 10,000원
ISBN 978-89-7734-363-4